ウクライナとアフガニスタン
この戦争の裏に何があるのか

西谷文和

日本機関紙出版センター

はじめに

1979年12月、旧ソ連は突如としてアフガニスタンを侵略しました。自分の気に入らない政権を転覆させるための暴挙で、今回のウクライナ戦争とよく似ています。当時は米ソ冷戦の真っ最中で、西側、特にアメリカの武器やサウジアラビアの軍資金がアフガンゲリラに大量に注ぎ込まれました。読者のみなさんの中には、直後に開催されたモスクワオリンピックがボイコットされたことを覚えておられる方も多いのではないでしょうか。戦争は10年続き、罪なき市民が大量に殺された後、旧ソ連軍が撤退。なんとゲリラ側が勝利を収めたのです。旧ソ連はこの2年後に崩壊します。崩壊の原因はいろいろありますが、「無謀なアフガン侵略戦争」がソ連崩壊の最大原因の一つです。

旧ソ連撤退から12年後、01年に9・11事件が起きると、今度はアメリカが無謀な「テロとの戦い」を始めます。アフガニスタンに隠れているアルカイダ＝オサマ・ビンラディンを殺害する、という理由で大量の武器と資金がまたまたアフガニスタンに注ぎ込まれ、やはり膨大な数の罪なき市民が殺された後に、今度は米軍が撤退。アフガニスタンは元のタリバン政権に戻っています。この頃のアメリカはネオコンと呼ばれる「軍産複合体からの派遣職員」と言うべき人たち、例えばラムズフェルド国防長官やチェイニー副大統領などに牛耳られていて、ついには無謀なイラク戦争に突き進んでしまいます。イラク、アフガン戦争を20年も続けてしまったアメリカでは、帰還した米兵の中に、恐怖がフラッシュバックしてうつ病を発症したり、酒やドラッグに溺れて働けなくなったりする人が続出。戦争で手足を失った兵士、銃弾がまだ体内に入ったままの兵士もいます。つまり本来は真面目に働いてくれたはずの人々が労働できなくなる、障害を持ってしまった人々への莫大な治療費、酒やドラッグ中毒者による犯罪の増加などでアメリカ社会が壊れていきます。

今回のロシアによるウクライナ侵略でも、大量のロシア兵が殺されています。今後ロシアの社会でもアメリカと同じような現象が起こります。つまりウクライナ、アフガニスタンはもちろん、侵略したアメリカ、ロシアも相当な痛手を負うのです。旧ソ連が崩壊した頃は「アメリカ一強時代」と言われていましたが、イラク、アフガン戦争によってアメリカは明らかに弱体化しました。今後は中国に追いつかれ、追い越されてしまうでしょう。ロシアもこの戦争で大きな負債を抱え、市民生活はズタズタになり、国力を大きく落としてしまいます。今、欧米諸国はウクライナへ大量の武器を送り込んでいます。プーチンはますます独裁化し、残酷な戦争が延々と続いてしまうでしょう。「プーチンが引かないのだから、ウクライナへ武器を援助するのは当たり前だ」という意見が大きくなっていますが、そもそもこうなる前に戦争を未然に防ぐこと、つまり普段から戦争だけはさせないという外交努力をすべきだったのです。泥沼の戦争になれば、最後は話し合いでしか決着はつきません。本書で解明していきますが、ウクラナ戦争の背景には「アメリカがプーチンをけしかけて、ついにプーチンが切れた」という構図があります。

結論からいえば、「今こそ9条を活かすべき」で、積極的平和外交が求められています。本来なら平和憲法を持つ日本、NATOに加盟していない日本が、停戦交渉の仲介役を買ってでるべきです。アメリカべったりで、平和憲法9条を変えようとしている岸田政権では、そんな発想すら出てこないのでしょう。21年10月の総選挙で立憲野党が勝利していれば、共通政策の中に「平和憲法を守る」

がありましたから、日本が仲介役を果たせたかもしれません。

「戦争を止めるために何ができるのですか？」とよく聞かれます。「募金ですか？　募金するならユニセフですか？」。いや、戦争を積極的に止める政府にすることです。憲法前文には「（前略）われらは平和を維持し、専制と隷従、圧迫と偏狭を地上から永遠に除去しようと努めている国際社会において、名誉ある地位を占めたいと思う。（後略）」とあります。ウクライナ戦争を積極的に止める日本。カッコいいと思いませんか？

「でもそれは理想でしょう？　現実的ではないと思います」。高校や大学での平和授業で「憲法9条による紛争解決」を語るとき、それは無理じゃないですか？と聞かれるときがあります。明確な答えになっていないかもしれませんが、以下のように答えています。

「アフリカのアンゴラを取材したことがあります。黒人がここで捕まり、南米大陸へ連れて行かれた港に奴隷博物館がありました。200年前までは人を捕まえて売り払うことは合法でした。今同じことをすれば犯罪ですね。77年前まで、日本では女性に選挙権がありませんでした。今では男女同権は当たり前です。おそらく何年か先に、争いごとを戦争で解決する、というのは禁止される時代がくると思います。時代とともに常識は変わるのです。今、ロシアのプーチン大統領は100年も前の、つまり20世紀の感覚で戦争をしています。そんな独裁者に、やられたらやり返せ、と必要以上に最新兵器を送り、結果として戦争を長引かせるのは、やはり20世紀の感覚だと思います。もちろんウクライナには自衛権があります。そして今、ウクライナは善戦し、持ちこたえてくれています。今こそ21世紀の、最新の人権感覚を研ぎ澄ますときだと思います。それは即時に停戦交渉を始めること。停戦は妥協です。互いに妥協させてまずは止める。これを先頭に立って行う国が日本なら、カッコいいなと思います」

もくじ

もくじ

第3章　問われる日本の外交、そして産軍複合体　48

第4章　会場からの質問に答えて　56

第1章　ロシアのウクライナ侵略を解き明かす

【写真1】左から独立記念塔、ウクライナホテル、ヒトラーに似せたプーチンの写真を掲げたオブジェ

ユーロ・マイダン革命

私はこれまでアフガニスタンには12回取材に入りましたが、ウクライナには1回しか入国していません。それは２０１４年の3月で、プーチン大統領がクリミアを奪った頃でした。今日の話の前半はこのウクライナ問題についてみなさんと一緒に考え、後半はアフガニスタンの話をして、そして最後に一番大事な、日本はどうすべきなのかということを考えていきます。会場のみなさんからも質問や意見をお聞かせください。

ウクライナはヨーロッパではかなり大きな国で、フランスやドイツよりも面積が広く、ロシアからすれば弟みたいな存在だと思います。そのウクライナをプーチンが力で、現状を変更しようというとんでもない戦争を仕掛けました。少しその歴史的な背景も含めて進めていきます。

まず今回の戦争の元になったのは間違いなく２０１３年から14年にかけて起こったウクライナの革命です。

ユーロ・マイダン革命と言いますが、その中心地が首都のキエフにあるすり鉢状の独立広場で、**写真1**には独立記念塔が見えてます。広場は現地語でマイダン、欧州連合（以下ＥＵ）加盟を目指しての革命だったので、「ユーロ・マイダン革命」なのです。訪問時にはまだ燃えたタイヤが転がっていたり、放火されたビルからのススが広場に充満したりしていて、全体的に黒のイメージでした。「反革命部隊が襲って来るかもしれない」。人々はまだ家に帰らず、テントを張って広場を占拠していました。当時、ウクライナはＥＵへの加盟協定を結ぼうとしていましたが、これが独裁的なヴィクトル・ヤヌコヴィッチ大統領によって、加盟協定書の署名を拒否されます。背景にはＥＵ加盟に必要な経済的な問題がありました。そのため大統領はロシアに接近する道を採ろうとしますが、これに対してＥＵ加盟を望む国民が反発して声をあげ立ち上がったのが、この革命の始まりでした。

学生たちを武装弾圧

まず立ち上がったのが学生たちでした。協定書に署名をしてくれという要求を掲げ、歌ったり踊ったりする平和的なデモでした。13年12月には１００万人もの人々が集まった大行進も行われ、とても平和的なデモだったのです。思い出してほしいのですが、この3年前に起きた「アラブの春」。これも広場が革命の舞台になりました。エジプト・カイロの中心にあるタハリール広場に人々が集まり、独裁者を平和的に倒すという「アラブの春」の影響もあったのではないかと思います。

そんな学生たちに向かって棍棒で襲いかかったのが、ヤヌコヴィッチ大統領の治安警察ベルクトでした。女性も含めた若者を襲いはじめ、ケガ人が続出するとさらに催涙ガス、ゴム弾も学生たちに向かって撃ち込んできました。このゴム弾は当たっても死にはしませんが、目に当たれば失明、胸に当たれば肋骨骨折という硬いゴムです。やがてベルクトはゴム弾の中に実弾を混じりこませて、殺人を犯すようになりました。市民たちは広場にバリケードを築いて革命防衛隊を組織して対抗しました。この防衛隊ですが、出身地ごとに結成されてました。ハルコフ防衛隊、ユダヤ系防衛隊とかいろんな防衛隊が作られました。**写真2**はそのバリケードの前線なのですが、革命部隊がこちら側で、ベルクトが向こう側にいて、そこに犠牲者を供養する花がありました。

ヤヌコヴィッチは市民の運動を抑えるために反デモ法を作ります。ヘルメットを被ってはいけない、車を5台以上連ねて走ってはいけない、とか。そういう法律を作ってデモを禁じていくのですが、これに対して市民はヘルメットではなく、鍋を被ったりして（笑）平和的に抵抗していました。この**写真3**は革命部隊のヘルメットですが、プラスチック製のものです。ベルクト側は戦争用のヘルメットですから、全然武装の仕方が違っていました。

【写真2】市民が築いたバリケードと供養の花

革命の勝利とヤヌコヴィッチハウス

そんな時に、「右派セクター」という勢力が革命部隊の中に紛れ込んできます。スキンヘッドにナチスのカギ十字に似たマークを付けた、いかにもネオナチのようなグループで、彼らはデモの最前線に立ってベルクトに反撃していくのですが、火炎瓶などを使うとても暴力的なもので、それで平和的なデモが一気に暴力的な殺し合いになっていきました。実はこの「右派セクター」はのちに、革命後のウクライナ国会で国民の支持を得て一定の勢力として議席を占めていくことになります。

【写真3】革命部隊のプラスチック製ヘルメットと献花

デモが始まった13年末から3カ月経過したころ、ヤヌコヴィッチに対して市民側から、①全ての政治犯の釈放、②非常に強い大統領の権力を大統領と議会に二分し、大統領を議会がチェックできるようにする、③ヤヌコヴィッチがいったん辞任した上で、大統領選挙を再度行え、という要求が出されます。ところがすでにこの頃にはヤヌコヴィッチは窮地に追い込まれていて、14年2月22日に、ヤヌコヴィッチハウスという豪邸（写真4）があるのですが、そこからヘリコプターでロシアに亡命してしまいました。それで革命側が勝利し、治安警察のベルクトも解散させられたということになったわけです。

ヤヌコヴィッチハウスはその後、汚職腐敗の象徴として国民に解放されていましたので、私も取材することができました。まさに贅の限りを尽くした広大な豪邸で、彼1人のための動物園、植物園、スパまでありました。ヤヌコヴィッチはプーチンの手下のような人でしたから、この豪邸を見ると、ロシアからドイツまで天然ガスを通すときの「ウクライナ通行料」などを独り占めしていたような人だったのではないかと推測します。そんなことも市民の怒りが大統領に向い革命に向っていった一因ではなかったのかと思います。

【写真4】汚職腐敗の象徴、ヤヌコヴィッチハウス

革命の中に「右派セクター」

私が取材に行ったのは14年3月の革命直後のキエフでした。もう一度写真1を見てください。独立を象徴する塔があり、その右にウクライナホテル、さらにその右にプーチンをヒトラーに似せたような写真が掲げられています。広場のステージ下には「プーチンのプロパガンダに騙されるな」とウクライナ語で大書されたメッセージがありました（写真5）。

当時から人々はプーチンのウソを警戒していたのです。また犠牲になった120人の写真が貼ってありましたが、死亡者の中には今だに身元が分からない人も多数いました（写真6）。

これは不思議な話です。革命の犠牲になった、いわばヒーローとしてここに飾られているのに顔写真もなく、出身地も名前すらもわかっていない。「流れ者」が革命に参加していたのか、それとも出自や身分を隠してまで「最前線」に立たざるを得ない何かが、「右派セクター」にあったのか…。ちなみに私の通訳は「プーチンがならず者を革命部隊のデモに送り込み、最前線に立たせてベルクトを殺させ、それを口実にロシア軍を介入させた」と推測していました。もうここまで来ると何が真実で何がヤラセか分かりません。

この「右派セクター」、つまりネオナチには、後に「アゾフ連隊」として国防軍に入る人たちがいるのですが、彼らの主張は、ロシア人を殺せとまでは言いませんが、ロシア人はウクライナから出ていけ、ユダヤ人も出ていけということでした。プーチンはこのネオナチの主張を恣意的に大きく取り上げて、「ネオナチがウクライナのロシア系住

【写真5】プーチンのプロパガンダを止めよう

【写真6】写真さえない犠牲者

民を虐殺している」というフェイク情報を流し、危機意識を煽っていきました。その結果、ウクライナのロシア系住民がパニックになっていったわけです。

この**写真7**が「右派セクター」、ネオナチの人たちで、デモの一番先頭に立っていますが、明らかにナチスを思い出させるようなマークをつけ、覆面をしています。なにか悪いことをしてると覆面したくなるのでしょうか、マイダン革命部隊の中にこういう人たちがいたのです。

【写真7】右派セクターの人たち

プーチンのクリミア併合

その後どうなったのかということです。「右派セクターがいる」とプーチンが大騒ぎし、ロシア系住民を助けないといけないということで、クリミア半島とドンバス（ウクライナのドネツク州とルガンスク州）というウクライナ東部にロシア軍を派遣しました（**図1**）。

この二つの地域にロシア系住民が多くいるからです。なぜここにロシア系住民が多いのか。それは旧ソ連、スターリンの独裁政治によるものでした。スターリンはめちゃくちゃな独裁者で、このクリミア半島にはトルコ系のタタール人がたくさん住んでいたわけですが、この人たちを中央アジアやシベリアに強

【図1】ウクライナ東部のルガンスクとドネツク

制移住させ、その代わりにここにロシア人を住まわせました。またドンバスですが、なぜここにロシア系住民が多いかというと、ドンバス地方には石炭と鉄鉱石の良質な鉱山があり、その鉱山労働者としてロシア人が入っていったのです。今、ドンバス南部の都市マリウポリが徹底的に破壊され、人々は製鉄所の地下に逃げ込んでいます。マリウポリを含むドンバスはウクライナの工業を支えてきた地域なのです。ですからもともとからロシア人が多いわけじゃなくて、スターリンが無理やり移住させた結果です。

　さらにウクライナはヨーロッパのパン籠と言われるほど肥沃な土地で、農作物、食料がいっぱいできる土地です。スターリンはそれを全部取り上げていきました。そのためウクライナでは７００万人が餓死したと言われています（写真8）。

　ウクライナの隣はポーランドで、第二次世界大戦中にヒトラーがポーランドを攻めていき、ポーランドのユダヤ人がウクライナに逃げて来ます。ユダヤ人は商売のネットワークを持っているのでキエフなどの都会に住み、商売を成功させていきました。今のゼレンスキー大統領はユダヤ系です。そういう意味では農民主体のウクライナ人の中には旧ソ連を恨んでいる人が大勢いるわけです。親族、縁者を殺された人も多くいますから。また成功したユダヤ人に対してやっかみを抱いている人たちもいます。だから一部にはネオナチ、つまり「ユダヤも共産主義者（＝ロシア系）もウクライナから出ていけ」という主張に共感する人もいますが、大多数は「みんな違ってみんないい」と思っています。右派セクターの集会を取材しましたが規模も小さくデモも少人数でした。あの時は革命が勝利した直後です。通常ならデモ隊に対して沿道から手を振る人や、「がんばれよ」と掛け声をかける人がいてもおかしくないのに、通行人は見て見ぬ振り。少人数の白けたデモでした。それに反して中道右派のユーリヤ・ティモシェンコ元首相の集会は、人が多くてテレビ局も取材にきており、熱気を感じる大集会をしていました（**写真9**）。

【写真8】ウクライナの大量飢餓（撮影：アレキサンダー・ウィーナーベルガー、1891−1955）

つまりプーチンが一部のネオナチを取り上げて、ネオナチがロシア系住民を虐殺するぞと危機を煽り、クリミアとドンバスで、ウクライナかロシア、どちらを選ぶかという住民投票をしたわけです。当然、クリミアにはロシア系住民が多いのでロシアが選ばれてクリミアが併合され、またドンバスもロシアを選ぶ人が多かったので、ロシア軍が介入したということです。

簡単に言えば、日本にも「在日特権を許さない市民の会（在特会）」のような、在日朝鮮人は皆殺しだという人たちがいますが、それはごく一部の人たちです。そういう人たちが国を乗っ取ったかのようにフェイクニュースを流して、住民の不安を煽り、国ごと奪おうとしたのがプーチンです。日本でも大多数は自民、公明、維新、共産、れいわ、立憲などの政党を支持しているわけで、在特会などは支持しません。ウクライナの人たちもネオナチに対しては眉をひそめていました。ところがプーチンはこれを利用したのです。

【写真9】ユーリヤ・ティモシェンコ元首相の集会

プーチンを見逃した国際社会

またプーチンは成功体験を持っています。実は私、この時期になぜウクライナに行ったかと言えば、メインの取材ターゲットはシリアでした。シリアには直行便がないので、まずはトルコのイスタンブールへ。そこで少々日程調整をしてウクライナに飛んだのです。この時、シリアではとんでもないことが起きていました。ロシアとロシアの武器で武装したアサド大統領の政府軍が空爆を始めて、アレッポの街を徹底的に破壊していました。それはもう今のウクライナと一緒でした。病院を狙い、学校や商店街、人が集まる場所などを全部空爆していくのです。

本来はこの時にプーチンに対して国際的な批判を巻き起こし、

シリア空爆をやめさせるべきだったのですが、残念ながらこの時はあまり批判が起きませんでした。これは私の推測ですが、シリアが中東の国でイスラム教徒、そしてアラブ人（＝有色人種）だったのに対して、ウクライナはヨーロッパに属し白人でキリスト教徒だったからだと思います。個人的にはどんな宗教であろうが、どんな民族であろうが、こういうことは絶対許せないから、今のような世界的な批判を巻き起こさねばならなかったのです。ところがこの時の国際社会はプーチンを見逃しました。ロシアとアサドが毒ガスを使った時でさえ、見逃してしまったのです。その結果、プーチンは成功します。また非常に残念なんですけど、プーチンはチェチェンもシリアもジョージアも、1回攻め込んだ戦争では撤退したことがありません。最後までやり切る残酷な人間です。そういう意味では彼の成功体験と彼自身が持っている残虐性というものがあるので、まだまだ予断は許されない状況が続くと思います。

さらにクリミアを取った時にロシアではプーチンの支持率が8割を超えてしまいました。ですからロシア人の中にも昔の大ロシア主義を望むような人がいて、そういう人たちがプーチンを支持している。だからそういう意味ではなかなか和平に向けて停戦合意に持っていくのは難しいけれども、これは絶対やらないといけないと思います。

チェルノブイリ原発の占拠

ところでキエフはどういう街なのでしょうか。例えば独立広場の下は地下鉄が通っていますが、切符買って降りていくと、とても深いところを走っています（写真10）。

地下の地獄に落ちるようなものすごく長いエスカレーターでずっと下っていきます。なぜか。実はこの地下鉄を掘った当時は、米ソ冷戦の真っ最中で、ウクライナはソ連に属していて核兵器があったので、核戦争になった時のシェルターとしてこんなに深い地下鉄を作ったのです。今回も人々はまず地下鉄に避難しましたね。そういう意味ではもともと戦争に翻弄されてきた歴史がある。またウクライナの通貨はフリヴニャといいます。ロシアの通貨はルーブルです。このフリヴニャは、銀の塊という意味で、ルーブルとは「それを切り取ったもの」です。つまり、もともとは歴史的にはキエフが栄えた都で、モスクワは辺境の地だったわけです。ですからキエフの人たちには、そういう歴史の誇りみたいなものがある。キエフの後にモスクワが栄えてきた。通貨の名前からもそれがわかります。

【写真10】キエフの地下鉄のエスカレーター

キエフの姉妹都市が京都市です。キエフにはキョートト通りやキョート公園があります。キエフは町の真ん中をドニエプル川が流れていて、川の両岸には古い大聖堂があり路面電車が走っています。京都市も昔は路面電車が走っていました。鴨川が流れて古いお寺があって路面電車が走っている歴史の街。似ていますよね。みなさんは、映画「ひまわり」（1970年、伊・仏・ソ・米合作）はご存じですか。ソフィア・ローレン主演の映画です。映画の中でひまわりが咲いてる畑がウクライナです。要するにドニエプル川が流れる平坦で肥沃な土地で農業にとても適した場所です。

【写真11】チェルノブイリ原発博物館の玄関には日本語で「ふくしまとともに」

でもそんな川の上流にはチェルノブイリ原発がある。日本の原発は海水で冷やしてますが、チェルノブイリ原発はドニエプル川の水で冷やしていました。2014年に行ったときはまだ福島原発事故の記憶が世界的に残っていて、絶対にあんなことをしたらダメだという時でしたので、キエフにあるチェルノブイリ原発博物館の玄関には日本語で「ふくしまとともに」と書いてありました（**写真11**）。

この博物館には事故で亡くなった人たち、被曝した人たちの写真が展示されています。これは1986年5月、キエフでメーデー集会が開催されて、パレードをしているのです（**写真12**）。

事故が4日前の4月26日ですから事故直後にメーデー祭があり、多くの人が街に出てそのために被曝したのです。つまり旧ソ連は事故を隠していたのです。キエフの人たちは何も知らなかったので、大量に被曝させられてしまいました。同じようなことが福島原発事故の日本でもありました。政府は直ちに健康被害は起きないと言い、スピーディの情報を隠すなど、まったく旧ソ連と同じように情報を隠しましたね。

【写真12】原発事故後にメーデーを楽しむ市民たち

チェルノブイリ・ネックレスという言葉をご存じですか？

原発事故後には大量の放射性ヨウ素が出ます。年配者が吸い込んでもあまり影響は出ないのですが、子ども、特に若い女性が吸い込むと甲状腺がんになりやすいのです。治療のため首を切りますから、その傷跡がネックレスに見える。そういう被曝した子どもたちの写真がずらりと博物館に展示されていました。

そして本当にロシアが許せないのは、チェルノブイリ原発を占拠したことです。またザポリージャ原発にはミサイルを撃ち込みました。本当に危なかった。もし原子炉に当たっていれば世界規模で汚染されていたところです。原発や基地はあればあるほど狙われて、危険なことがよくわかります。

ブダペスト覚書もミンスク合意も違反したロシア

逆にプーチン側の言い分も聞いておかないといけません。プーチン側の言い分とは、みなさんご存じのＮＡＴＯ（北大西洋条約機構）です。ＮＡＴＯは89年ベルリンの壁の崩壊後、旧東ドイツまで広がりました。他の東ヨーロッパに関しては、これ以上は拡大しないと、口約束ですが、ゴルバチョフとアメリカが交わしたと言われています。にも関わらず、プーチンからすれば加盟国が14カ国も増えてしまった（図2）。

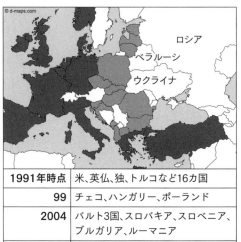

ルーマニアやポーランド、チェコなど東欧諸国はもちろん、かつてソ連の一部だったバルト三国も入ってしまった。確かに私もそう思います。旧ソ連が崩壊し、ワルシャワ条約機構も消滅したのですから、91年のその時点で軍事同盟のＮＡＴＯは解散して北大西洋平和友好条約に代わるべきでした。ところがアメリカはなお東方に広げていき、結局ウクライナの国境まで。

【図2】ソ連崩壊後拡大したNATO加盟国

NATOはソ連崩壊後に東方に拡大した

■はソ連崩壊前から、■は崩壊後の加盟国

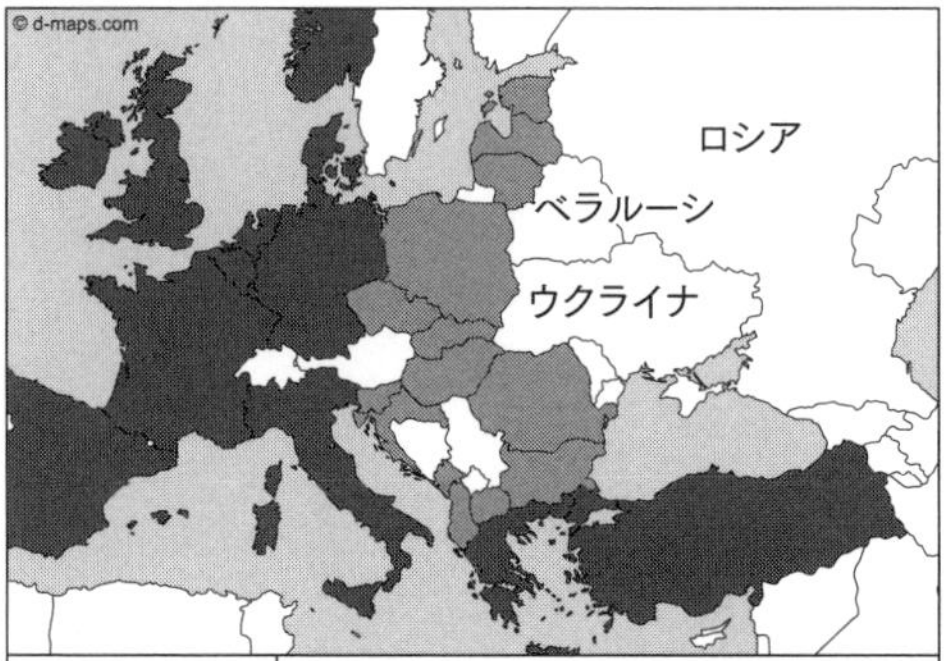

1991年時点	米、英仏、独、トルコなど16カ国
99	チェコ、ハンガリー、ポーランド
2004	バルト3国、スロバキア、スロベニア、ブルガリア、ルーマニア
09	アルバニア、クロアチア
17	モンテネグロ
20	北マケドニア、計30カ国に

　プーチンとしてはルーマニアやポーランドまでは我慢できても、ウクライナだけは絶対に譲れない、ウクライナ

とベラルーシだけは。現在、ベラルーシはプーチンの子分のような独裁者が支配していますから、ウクライナもベラルーシのようにしたかったわけです。そこでプーチン側の言い分としては、クリミア半島で住民投票をしたときに96パーセントの人がロシアを選んだ、だから介入したんだ、と。しかしこの住民投票も最低60日間前に告知しないといけないのに確か10日～20日ぐらい前に告知したという杜撰なもので、住民投票をボイコットした人もたくさんいました。そういう意味でこの住民投票が本当に有効だったのかどうかも見直されなければいけないのです。そしてドンバスではロシア系住民が虐殺されているということを言いました。しかしこれも落ち着いて考えればおかしな話で、1万8千人ものロシア系住民が虐殺されているのなら、まず今回の戦争を仕掛ける前に国連安保理に提訴して、止めさせるというのが筋ではないでしょうか。

しかしプーチンはそれもせずにウクライナ侵略に踏み切った。そして少なくない人がプーチンの言い分を信じてしまい、ロシアにも言い分があると言っています。それはちょっとおかしいのではないでしょうか。もちろんドンバスで延々と8年間も紛争が続き、双方に被害があったことは事実です。しかし「大虐殺があった」とまでは言えません。仮にそうなら、軍隊を送る前に国連で真相究明を願い出ればよかったのです。仮にNATOの東方拡大やロシアにとってウクライナが死活的に大事だということ、あるいはドンバスの虐殺問題などがもしあったとしても、それは全く戦争をする理由にはなりません。話し合う余地は十分にありました。というのは94年にウクライナが核を放棄します。それまでのウクライナはアメリカ、ロシアに次ぐ世界3位の核保有国でした。ところがウクライナはその核を全部ロシアに返すことにしました。この時に、ブダペスト覚書を交わします（図3）。これはアメリカ、ロシア、イギリスが交わした覚書で、ウクライナは核を放棄する代わりに、この国々がウクライナの安全を保障するというもので、ロシアも含めて合意しました。つまりウクライナを攻めないということを約束したのです。ロシアはこれに明らかに違反しています。

また、ミンスク合意というものがあります（図3）。

これはベラルーシの首都ミンスクで、ウクライナ、ロシア、ドイツ、フランスが調印してドンバス地域の戦争を停止するという合意文書です。ドンバスで停戦をする、外国部隊は撤退する、つまりロシア部隊も撤退する、またドンバスに特別な自治を保障する、国境管理はウクライナ政府が行うということでしたが、今ロシアはこれにも全く違反した戦争を行っていることになります。

【図3】ブダペスト覚書とミンスク合意の概要

ブダペスト覚書の概要	ミンスク合意の概要
1994年、ウクライナ、ロシア、イギリス、アメリカが合意	2015年、ロシア、ウクライナ、フランス、ドイツが合意
ウクライナの非核保有国としての核兵器不拡散条約への加盟に関連し、同国の安全を保証	ウクライナの東部(ドネツク・ルガンスク州の一部地域)での包括的な停戦
ウクライナの独立、主権、国境を尊重。領土や政治的独立に対する軍事的な圧力や行使を控える	ウクライナが地方分権を規定する憲法改革を実施し、ドネツク・ルガンスク州の一部地域に「特別な地位」を与える恒久法を採択する

ロシアでも反戦デモ

こういう状況に対して、私も感動したのですがロシア国内で若者を中心に、ウクライナの惨状がフェイスブックやティックトックなどで広がり、少なくない人たちが反戦デモを行った。これは大変勇気あることです。捕まることが見え見えにもかかわらず、実際に多くの人が捕まっていますが、それでも反戦のデモが起きたことはすばらしいことだと思いますし、国営放送の生放送中に「NO　WAR」、その下にロシア語で「この放送（プーチンのウソ）を信じないで」と書かれたプラカードを掲げた女性が出てきました（写真13）。

テレビ局の人ですからやはり真実の映像に触れる機会があったのでしょう。止むに止まれず行動してしまったのだと思います。私もテレビの生放送に出演した経験があります。スタジオに入るためには何カ所もの部屋を通過しなければならず、あのプラカードを持っていれば、絶対に入れません。ところが彼女は中に入れた。あれは国営テレビ側からすれば「放送事故」ですから、カメラマンはすぐに切り替えて別の映像を流すはずです。しかし、カメラはじっとあの場面を撮影し続けました。つまり、プーチンの戦争に反対している人は彼女だけではなく、あのテレビ局の中にも多数いる。だからあれが成り立ったのだと思います。

【写真13】ロシア国営テレビに「反戦」訴える女性乱入

しかし、残念ながら高齢世代はSNSをやらない人が多く、国営放送しか見てない人がいますから、まだプーチンが正しいと思っている。簡単に言えば、ロシアの高齢者層はプーチンが正しいと思い、若年層はプーチンが間違っていると思っている。このように国が二分されるようなことになっているのではないでしょうか。でも私が本当に嬉しかったのは、ベルリンなどで20万人規模のデモが起き、同じような反戦集会が日本はもちろん世界各国で行われていることです。反戦世論が世界で沸き起こって、これはプーチンの耳にも入ってるはずですから、そういう意味では、世界が連帯した反戦運動は非常に大事になってくると思います。

アメリカは止める気があったのか

さらにこれは私の見立てですが、「アメリカは止める気があったのか」ということです。不思議なことですが、2月24日にロシアの侵略戦争が始まったわけですが、その前にアメリカのブリンケン国務長官とロシアのラブロフ外相が会う約束をしてたわけです。つまり外務大臣同士が会って話をしようとしてたのに、これを直前にアメリカ側がキャンセルしています。普通、外相会談をこんな緊迫してるときにキャンセルするというのは、これはアメリカの責任放棄になると思います。バイデン大統領はキャンセルした上に何を言ったかというと、「もうすぐロシアが侵略するだろう」というようなことを言い出すわけです。2日後に始まると言い、それが見事に当たってるんですけど。でも通常はこういう軍事機密情報はテレビなんかで発表しないものです。機密情報を隠しながらプーチンとホットラインを作って止めに行かないといけない。そんな重要な時の外務大臣会談は、絶対にキャンセルしてはダメです。ところがこういう情報を持ちながら、停戦交渉もせずに外相会談をキャンセルして、結局バイデンは「アメリカは軍事介入しない」と言った。通常は「全てのオプションはテーブルの上にある」と言います。つまり全てのオプション=軍事介入の可能性を示唆することで、プーチンに圧力をかける。これをなぜ封印したのでしょう?

そういう意味でプーチンは安心したわけです。アメリカは入ってこないし、シリアの時もそれほど批判されなかったし、クリミアの時も成功して支持率がグンと上がったわけで、24年には自分の選挙もあるので、ドンバスを取れば支持率も上がるだろう。そういう意味ではいけると思ったのではないでしょうか。アフガニスタンでアメリカが撤退するときにガニ大統領はすぐ逃げたし、ゼレンスキー大統領は元コメディアンだから、これ、絶対にすぐ逃げると思ったのではないかなと思います。だから2日か3日でウクライナを支配できる。アメリカも絶対介入してこない。このような自分勝手な過信があったのだと思います。

またバイデンは、アフガニスタン撤退で失敗をしたことや国内のコロナ対策とインフレ対策の失敗で支持率が急速に下がっています。今年、アメリカ議会の中間選挙がありますので、そういう意味では弱い大統領というレッテルが貼られているので、ウクライナに武器支援などをして「強い大統領」、ちょっと支持率を上げたいと考えたのかなと、疑っています。

戦争は儲かる

そこでこのような状況証拠をまとめていくと、結局、戦争は儲かるということです。ウクライナへの侵略戦争でドイツは、軍事費をGDP比2パーセントに引き上げることを決定しました。これまでドイツは紛争当事国に武器は出さなかった国でしたが、今度の戦争で武器を提供し始めました。他のヨーロッパ諸国もどんどん軍事費を上げています。あの中立国のスウェーデンやフィンランドも銃を送っています。もちろんアメリカもイギリスもです。こういう武器を渡すべきか、渡さないべきかというのは議論がありますが、結果としては、欧米の軍事産業は大もうけをして、ロッキード・マーチンやレイセオンなど軍需産業の株は急騰しています。

さらに、フィンランドはソ連に侵略されたことがあり、スウェーデンはロシアと戦争をしたことがありましたが、冷静になってNATOには入らず中立を守っていました。ところがこの戦争をきっかけにフィンランドでは、急激にNATO加盟を求める人が増えています。加盟してしまえばNATOはフィンランドに基地が置けるようになり、ミサイルも配備するでしょう。フィンランドとロシアは長い国境線で接しています。こうなればさらに緊張が高まっていくでしょう。

またガソリンの値上げが続いていますが、原料の原油やガスが高騰しています。アメリカは世界第1位の産油国ですから、そういう意味では兵器産業と石油産業はこの戦争でめちゃめちゃ儲かるだろうなと思います。

世界の流れは「核をなくそう」

一方日本では、今度の戦争に乗じて安倍元総理と松井一郎という人が、核を共有したらええねんと言い始めています。つまり非核三原則の「持ち込ませない」というのをやめて、アメリカの核を自衛隊の基地に置いといたらええねん、と主張しているのです。核共有というのはどういう意味でしょうか。かつてアメリカとソ連が冷戦状態にあった時に、ドイツ、オランダ、ベルギー、イタリア、そしてトルコの5カ国に限って、もしソ連が攻めてきたら困るので、アメリカの核を国内に置いておくということをやってました。しかしその核はアメリカの核ですから、核を使うにはアメリカとイギリスの同意が必要だということになっています。この時期、つまり第二次世界大戦直後は「核には核で」という意識が強く世界中にありました。

しかしその後、みんな冷静になってNPT（核兵器不拡散条約）ができます。これはアメリカ、中国、イギリス、フランス、ロシア以外の国は核兵器を持たないでおこう、もうこれ以上核兵器を作らないようにしようというもので、これにはドイツやオランダも入ってますから、核を共有するよりもなくしていこうということを目指したわけです。

そして昨年ですが、核兵器禁止条約が批准され有効になっていくということですから、世界の流れは間違いなく核を共有するというよりも、全ての核をなくそうということです。何よりも日本は広島、長崎を経験し、それを痛苦の教訓として持っている国ですが、そういう国の元首相が核を持とうなんていうのはとんでもないことです（図４）。

さらに安倍晋三という人はプーチンに騙されました。「ウラジーミル、君と僕は、同じ未来を見ている。行きましょう。ロシアの若人のために。そして日本の未来を担う人々のために。ゴールまでウラジーミル、２人の力で、駆けて、駆け、駆け

【図4】

日本は、ただちに
核兵器禁止条約に参加を！
子どもたちに手渡そう！
核の脅威も
気候危機もない、
安全な地球を！
非核の政府を求める大阪の会

出所：非核の政府を求める大阪の会

抜けようではありませんか」（東方経済フォーラム、2019年、ウラジオストク）とプーチンとの会談で言いました。当時はあたかも北方領土が返ってくるかのようなイメージを振りまいていました。でもこの時すでにプーチンはクリミアを併合した後で、世界中が彼を批判していた時です。さらに「私はプーチンと仲がいいのだ」と地元山口県に連れてきて、なんと3000億円をロシアに差し出すということまで決めています。お金に色はついていませんから、もしかするとロシアはこのお金で戦車やミサイルを買ってる可能性もあるでしょうから、日本の税金でウクライナ人を殺してることになるのではないでしょうか。こういうことをやったのが安倍元首相です。

ですからやってることがもう幼稚です。北方領土のうちの2島が返ってくると言ってましたが、プーチンは絶対に返しませんよ。さらにみなさん、覚えてますか。プーチンが安倍にこんなことも聞いてます。「では返したら択捉や国後や歯舞にアメリカは基地を置かないですよね」と。これには安倍も沈黙しました。なぜなら日本には日米地位協定があり、そこにはアメリカは日本のどこにでも基地を置けると書いてあるのですから。つまり、北方領土を返してほしかったら日米地位協定を廃止するか、変更しないといけない。いきなり廃止は難しくても、まずは変更してから交渉をしないといけないのです。そんなことも知らずに、なんとなく北方領土が返ってくるというような雰囲気で、本来は4島が返らないといけないのに2島に値切ってしまい、実際にはその2島も返らずに3000億円も取られたという、とんでもないことをやらかしているのです。

日本の軍事大国化を許さない

その上に岸田内閣です。本当に危ない内閣で、日本が敵基地攻撃能力（反撃能力）を持つことを言ってます。軍事費を今のGDP比1パーセントから2パーセントに上げようとしています。憲法9条を変えたい勢力に支配され、アメリカの要求もあるのでしょう、民主党政権時に軍縮が進み、一番底になった軍事費が安倍政権になってからどんどん上がってきました（図5）。

今でも1％で5兆円をはるかに超えています。1位のアメリカが約80兆円、2位の中国が20兆円、3位がインドで8兆円、4位がロシア、日本が9位ですが、これがGDP比2パーセントになると10兆円になり3位になります（図6）。憲法9条を持ち戦争をしないと決めた国が、なぜ世界第3位の軍事大国にならなければならないのか。これは本当に許してはいけないことだと思います。

【図5】安倍政権下で拡大した軍事費

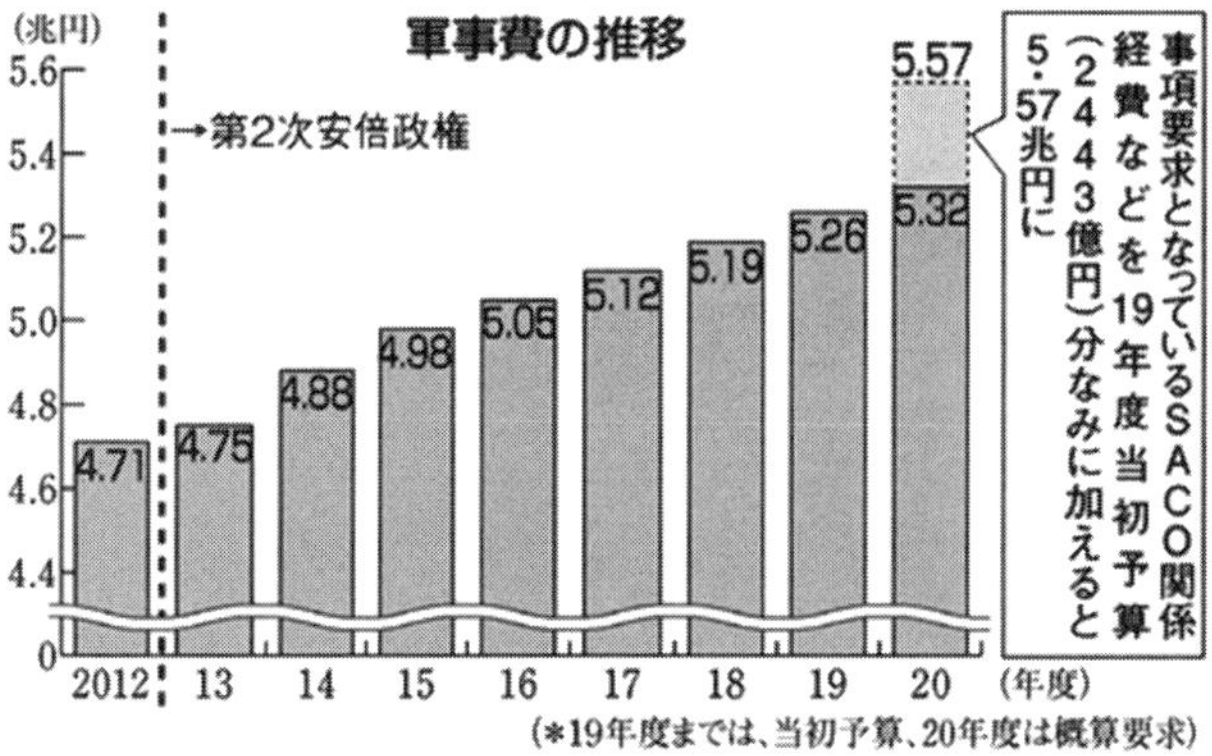

（出所：「しんぶん赤旗」2019年8月31日）

【図6】軍事費がGDP比2％になると

2020年の世界の軍事費上位10カ国

1	米国	7780億ドル
2	中国	2520億ドル
3	インド	729億ドル
4	ロシア	617億ドル
5	英国	592億ドル
6	サウジアラビア	575億ドル
7	ドイツ	528億ドル
8	フランス	527億ドル
9	**日本**	**491億ドル**
10	韓国	457億ドル

軍事費が倍増すると

ストックホルム国際平和研究所の資料から作成

（出所：「しんぶん赤旗」2021年10月23日）

第2章 アフガニスタン最新取材報告

2022年2月、タリバン政権下のカブールに入りました。アフガン入国はこれで12度目ですが、人々は今までで一番苦しんでいるように見えました。タリバンの圧政で？ いや、アメリカの経済制裁と援助物資の未配で。街を歩くとブルカ姿の女性はもちろん、子どもたちや失業中の男性までが手を差し出して「金をくれ」。この事態を招いたのはアメリカ。勝手に戦争を仕掛け、勝手に撤退し、勝手に経済制裁。ウクライナ問題もあって、アフガンはどんどん忘れられていきます。もちろんロシアによるウクライナ侵略戦争は暴挙であり、すぐに停戦させるべきです。その一方でアメリカによるアフガン戦争も決して曖昧にしてはなりません。米ロの2大国はどちらも侵略戦争をしました。ロシア同様、アメリカの戦争犯罪も追及されるべきです。以下、22年2月のアフガンをレポートします。

(文中写真はすべて筆者撮影)

タリバンへの権力の移行を実感

2月12日ドバイからカブールに飛ぶ。カブール国際空港の入国審査官は女性でした。タリバン政権になっても、一定数の女性は公職に就いているようです。緊張しつつ空港を出ます。21年8月、ここで大パニックが起きて、大きな自爆テロがありました。爆発の破片などは片付けられていて、次のテロを防ぐための大きな壁ができています。国道に出る。誰もマスクをしていません。43年間戦争が続くこの国では貧困と戦争が一番の問題で、コロナなどに構っていられないということでしょう。通訳のアブドラと1年半ぶりに再会。以前までジーンズにジャケット姿でしたが、今やアフガン民族衣装に身を包み、傍らにはタリバン政権の護衛と運転手。ジャーナリストは全て「アメリカのスパイ?」と疑われるので、「護衛」という名の監視がつくのです。

カンテレ
混沌　タリバン“支配”のアフガニスタンは今…
ジャーナリスト現地取材
「俺たちはアメリカをやっつけたぞ」
【写真1】壁には「俺たちはアメリカをやっつけたぞ」と落書き

メインストリートに入って周囲を観察。明らかに通行人が減っています。21年8月のカブール陥落で、米軍の協力者や復興予算で街を再建していた建設業者など、富裕層が国外に亡命しました。その後の経済制裁で多数の失業者が出ています。だから人々は家にこもって外へ出て来ないのです。そして明らかに女性の姿が激減しています。

タリバンと最後まで戦ったマスード将軍の肖像画が描かれた交差点へ。なんと肖像画が消えて代わりにタリバン旗が林立しています。権力の移行を実感しました。交差点を過ぎて少し行けば、かつてのアメリカ大使館。大使館を取り囲むコンクリート壁には中村哲さんの肖像画が描かれていました。残念ながらタリバン政権になって肖像画は消されています。偶像崇拝は厳禁というイスラム主義に基づいているのですが、中村さんは今でもアフガニスタンのヒーローです。「もう少し融通、利かせろよな」と日本語で。車内にはタリバンの「護衛」がいます。下手なことは英語では言えません。中村さんが消されて桜だけになった壁画を通り過ぎると、「俺たちはアメリカをやっつけたぞ」。星条旗が崩れ落ちていく大壁画が新たに描かれています。車内からこの壁画を撮影していると「お金ちょうだい」。少女が手を伸ばしてきます。以前から物乞いの少年少女は確かにいたのですがその数が飛躍的に増えています。みんなギリギリの生活なのです。

【写真2】車の窓の手をかける物乞いの少女

アブドラが予約してくれていた「スターホテル」へ。玄関は二重の門になっていて、警備兵が無線で受付に連絡。私の予約を確認し、外の鉄扉を開けて中へ。中にも兵士がいて内側の鉄扉を開けて、ようやくフロントに到着。さて本日から何度も停電し、外出厳禁の夜が始まります。タリバンの「護衛」が帰った後、隠し持っていた焼酎でアブドラと乾杯。「半年ぶりの酒だ！」大喜びのアブドラ。コラ、酔っ払いすぎるとバレて捕まるぞ（笑）

自爆テロで高校生たちが犠牲に

2月13日、カブール中心部から車で西へ30分、ダシテ・バルチー地区へ。ここは主にハザラ人が住んでいます。地区内には約6千人の生徒が通うサイド・シャハダー女子校があります。21年5月

8日にこの学校で大規模なテロが起きて、67名の生徒、9名の通行人が殺されてしまいました。爆発現場の校門を撮影。爆発は3カ所、10分以内に連続で起きました。爆弾を積んだ自動車が下校する女子学生を狙い撃ちにしたのです。慌てて別の門から逃げようとした女生徒たちに、別の自爆テロ車が突っ込みました。こうして大勢の高校生が犠牲になったのです。なぜ罪亡き少女が殺されてしまったのか？　ハックリー校長（女性）によると、それは、①私たちがハザラ人だから。②インテリジェントな人材を抹殺したかったから。③女性だったから。

犯行に及んだのはIS（イスラム国）かISに洗脳されたグループとされています。ハザラ人はモンゴル系のシーア派で、多数派のパシュトン人から差別されています。そしてスンニ派のISは、シーア派は殺害してもいいと考えているのです。12年10月、隣国パキスタンでスクールバスに乗っていたマララ・ユスフザイさんを銃撃したのはパキスタン・タリバン（TPP）でした。「女性は勉強してはならない」。ISやTPPなど狂信的なイスラム原理主義者はこの手の犯罪を繰り返しています。

4名の父親が遺族を代表してインタビューに応じてくれました。ラジャーブさんは14歳と18歳の2人の娘を失いました。4人のうち彼だけがスマホを持っていたので、スマホに残った遺影

【写真3】遺族となった4人の父親たちにインタビュー。右端がラジャーブさん

を撮影。

日本からの支援金で学用品を購入して父親たちに配りました。学校は冬休みだったので生徒たちの姿はありません。ここで私の疑問を少し。カブールの冬はとても寒いので確かに冬休みだったのかもしれません。しかし女性校長も男性教師も私のカメラを嫌がったのです。私の後ろにはタリバンの「護衛」がいます。インタビューになれば「タリバン政権下で女子高校の授業は再開されるのか」という質問が飛んでくるでしょう。下手に答えたら、後で査問されるかもしれない。映像がユーチューブなどにアップされてしまえば、過激派に狙われるかもしれない。まぁそんなところでしょう。果たして女子高校は再開されるのか？　女性校長を始めスタッフは危険な目に合わないだろうか？と、ここまで書いて最新ニュースが飛び込んできました。長い冬休みが明けて、中高校が再開される22年3月23日、タリバンは女子生徒の服装が規定に違反している、と学校再開当日にドタキャン。通学してきた女子学生を追い返しました。タリバンの中には「女性が教育を受ける権利を保障する」と言う幹部もいます。しかし、まだまだ旧態然とした「男社会の掟」にしがみつくヤツもいるのです。タリバン内部で「民主派」が実権を握らない限り、女性の権利は踏みにじられたままでしょう。こんなことが続くと、ますます国際的な支援が避けられてしまいます。8月に再度カブールに入る予定なので、最新状況を取材し発信したいと考えています。

米軍の誤爆に始まり誤爆に終わった戦争

2月14日、街へ出る。多数の風船売りがいてその風船に「I LOVE YOU」と書いてあります。

「今日はバレンタインデー。でも街は男性ばかり。誰が買うんだろうね」。アブドラが笑ってます。カブール郊外のホジャ・ボゴラ地区へ。この15番街区にゼマリ・アフマディさんの自宅がありました。21年8月29日、米軍の無人空爆機がこの家のガレージに滑り込んで来た白のトヨタ・カローラを空爆。その3日前にカブール空港で大規模な自爆テロと銃撃戦がありアフガン人169名、米兵13名が殺されていました。当時、カブールから逃げ出そうとする人々で空港は大パニック。亡命しようとする人々を狙った卑劣な犯行です。すぐにIS－K（イスラム国・ホラサン州）が犯行声明を出しました。バイデン政権は血眼になってIS－Kのメンバーを探していたのです。「次のテロを防ぐため」という名目と「何としても復讐してや

【写真4】殺された10人の写真が掲げられている

【写真5】隣の車に刺さった破片を示すアブドラ

る」という焦り。「テロリストは白のトヨタ・カローラに乗っている」。この情報をもとに標的を絞り込んでいました。しかし無人機に追跡されていたのはテロリストではなくゼマリさんでした。「IS－Kがこの家で爆弾を積み込み、空港を狙いに行くに違いない」。カローラが駐車場に入った時、ミサイルが発射されたのです。その時カローラの周りに7名の子どもが遊んでいました。「お父さんが帰って来た」と家から出て来た子もいたでしょう。カローラの隣にはトヨタの4WD車。ミサイルの破片がカローラを爆破し、その破片がこの4WD車を貫き、炎上しました。車内には燃え残った子どものサンダルが散乱しています。殺された子どもの遺品でしょう。

その後、白のカローラは撤去され、この4WD車だけが当時の証拠として残っています。殺害されたゼマリさんは、なんと米国系の慈善団体職員でした。米軍はテロリストどころか、「アメリカに助けを求めている協力者」まで殺してしまったのです。ずさんな情報に基づく完全な誤爆。1カ月後に米軍は誤爆を認めました。そう、アフガン戦争は誤爆に始まり、誤爆に終わったのです。玄関に殺された10名の写真が飾られています。遺族はすでにカブールを去って、今は別の住民が破壊された家を修理してここに住んでいます。残ったのは破壊された4WD車と殺された

【写真6】雪解けでドロドロの避難民キャンプ

10人の写真だけ。

「食料を配ってくれたお前を覚えている」

【写真7】屋根が抜け落ちた家

ゼマリさんの自宅を後に、1年半ぶりにチャライカンバーレ避難民キャンプへ。キャンプ内に住むタリバンの責任者にインタビュー。難民はざっと1万3千人ほどで、何よりも食料が不足しています。「カブール陥落後、主に欧米のジャーナリストがたくさん来たが、彼らは写真を撮るだけで何もしてくれなかった。お前は前回、食料を配ってくれた。覚えている」とのこと。これでスムーズに取材ができます。キャンプはとにかくドロドロ。

雪が溶けてあちこちに泥水がたまり、何度も滑りそうになりながら、ドロドロ道を行く。天井が崩落した家があります。粗末なテントシートやビニールで補強した屋根は、雨と雪の重みに耐えられなかったのです。天井の崩落でヒーターが爆発。家財道具は焼けてしまったそうです。しかし他に行くところがないので、屋根のない家で8名が寝ています。キャンプに何カ所か井戸があって、これが彼らの命綱。雨や雪が降らなければ井戸は枯れてしまいます。しかし雨や雪が降り過ぎると道路はドロドロになり天井

【写真8】テントシートを買うお金を渡した

が落ちます。
後日アブドラが支援金で食料を購入して配布してくれました。そして天井が落下した二つの家族に丈夫なテントシートを買うお金を配りました。「助かった！　日本のみなさんありがとう」。感謝の言葉を述べる住民。アブドラが送ってきた映像を見ながら、つくづく世界は狭くなったと感じます。9・11事件直後のアフガンにはガラケーもなく、撮影した映像は高価な衛星携帯電話で送るしかありません。今はカブールからスマホで簡単に送られてくるのです。

麻薬中毒患者一掃キャンペーンに取り組むタリバン政府

2月16日、待望の取材許可が下りてインディラガンジー子ども病院へ。先週は許可なしに街を取材していたノルウェー人ジャーナリスト3人が捕まって、まだ釈放されていません。一昨日は17名の外国人が5つ星ホテルで拘束されました。いずれもアメリカのスパイ容疑です。だから取材許可がないと何もできない。病院には病院のタリバン、学校には学校のタリバン、難民キャンプにはキャンプのタリバン…。行政がバラバラなのでその都度許可証が必要になるのです。

子ども病院に入る。栄養失調の子どもが多数。これは前政権でも同じこと。生後4カ月の赤ちゃ

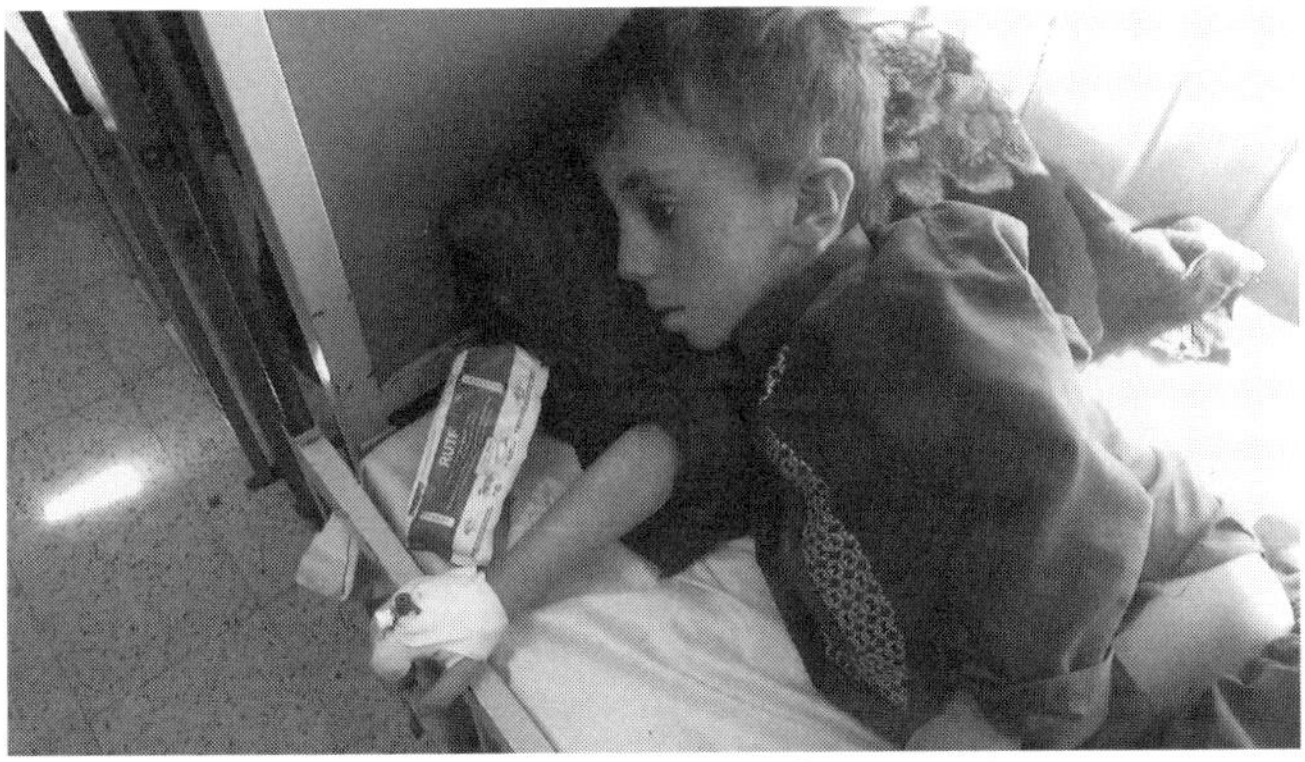

【写真9】栄養失調の子ども。なんと栄養補助食品が配られていた

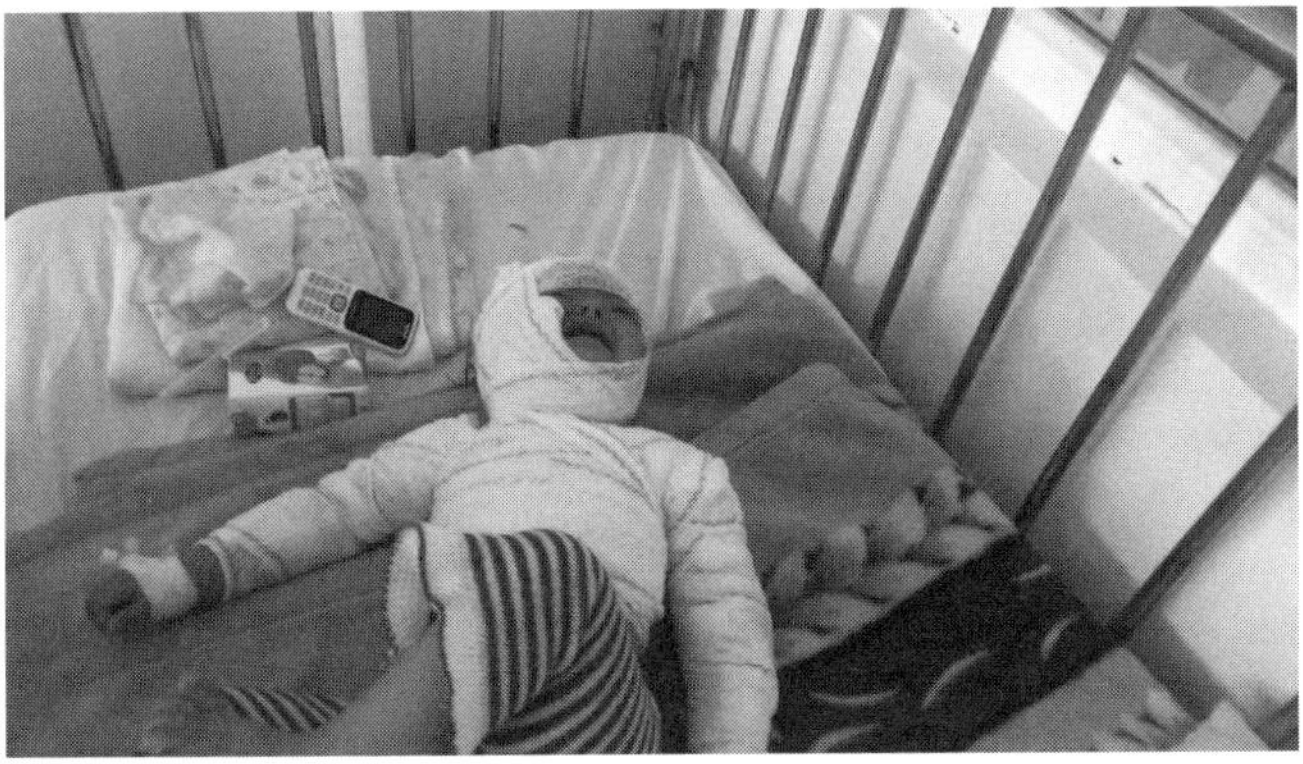

【写真10】熱湯を浴び上半身大火傷の子ども

んが点滴を受けています。驚いたことに、前政権よりも薬や食事が充実していて何と栄養補助食まで完備しています。もともとこれくらいの予算はあったのです。しかしガニ政権は汚職で腐敗し、各国からの支援金を政府高官が盗み取っていたのです。タリバンは「良くも悪くも清潔」なので汚職には手を染めず、末端まで援助金が行き渡って改善されているのでした。病院の給食に肉料理が。かつての「ポテトとご飯だけ」が「野菜と肉とご飯、食後にフルーツ」になっていました。

やけど病棟へ。大火傷の子どもが多数。①熱湯をあびる、②パン焼き釜に落下する、③安全装置のない粗末な暖房器具に触れてしまう、が主な原因。熱湯を頭から浴びた幼児を撮影。

貧困家庭には台所もテー

ブルもないので、地面に穴を掘って薪で湯を沸かします。夜は寒いので、乳幼児が火元に近づいてきます。そしてヤカンをひっくり返して熱湯を浴びてしまうのです。治療薬があるので何とか危機は脱しているようです。ガニ政権時代には薬はもちろん、ガーゼも粉ミルクも何もかもが不足していました。病院長が「緊急手術用の薬が手に入らない。援助して欲しい」と言います。薬のリストを作ってもらい、後日アブドラが購入して、配布することにしました。一番必要なものは発電機。頻繁に停電するカブール、例えば手術時に停電すれば一大事。自家発電機は必須なのですが、高価なので購入できないとのこと。次回は発電機を支援できたらいいのですが。

2月17日、イブン・スーナ麻薬患者更生施設へ。世界の90%以上のケシを栽培しているアフガニスタン。カブールの街は麻薬常習者でいっぱいです。彼らは主にカブール川の橋の下や道路沿いの側溝の中で暮らしています。「ケシ栽培で金を儲けて武器を買っている」。タリバンは西側政府からこのように批判され続けてきました。政権をとった今、その汚名を晴らすべく麻薬中毒患者一掃キャンペーンに取り組んでいるのです。

具体的にはタリバン警察がカブール川の橋下に住む中毒患者を一斉摘発してこの場所に連行し、解毒させて職業訓練を施した上

【写真11】麻薬患者更生施設の朝礼

で社会復帰させていくという計画です。しかし強制収用したものの、解毒させる医師や看護師、職業訓練する教師などに給料が支払えないので、単に収容しているだけになっています。「日本政府の援助で、職業訓練まで行えるようにしたい」。施設の責任者がカメラの前で訴えます。施設では朝礼の真っ最中。タリバンの施設長が長い訓示を垂れて行き、数百人の患者たちが中腰になって聞いています。朝礼後に18歳の青年にインタビューしましたが、支給されたのが薄手の収容服だけなので、毛布と厚手のセーターが欲しいと訴えました。予算がないのです。カブールの冬は寒く、収容施設に暖房はないとのことでした。

【写真12】タリバンの基地の中で。後方は米軍から奪った装甲車

戦争の唯一の勝者は誰か

2月18日、最終日にようやくタリバン軍の取材許可が下りました。ヤルモック軍事基地への一本道はコンクリート壁で覆われています。何カ所かの鉄の門扉を通過。タリバン特殊部隊の兵士が鋭い目で私たちを観察しています。基地の責任者にインタビューし、兵士の撮影はNGでしたが、武器の撮影許可が取れました。基地内部には大量の装甲車と戦車。兵士が持っているのはM16ライフルで装甲車に備え付けてあるのがM22マシンガン。これら

は全て米軍が使用していたもの。15年に治安権限が米軍からガニ政権に委譲されました。その6年後、21年8月15日にガニ大統領が逃亡し、あっけなくカブール陥落。アフガン軍兵士は武器を捨てて逃げたので、米軍の武器は全てタリバンの物になったのです。当初は「タリバンを掃討するため」に使われていた武器が、今や「タリバン政権を支えるため、人々を弾圧するため」に使われています。これが「テロとの戦い20年」の無残な結末なのです。

私はロシアによるウクライナへの侵略戦争とこのアフガニスタン戦争はよく似ていると考えています。旧ソ連がアフガニスタンに侵略したのが1979年。この戦争が大きな原因の一つでソ連は崩壊し、その結果旧ソ連はバルト3国やウクライナを失いました。プーチンは「大ロシア主義者」で、かつての版図を取り戻そうとして無謀な戦争に踏み込んだのです。アフガニスタンへの侵略も「ソ連の同盟国を維持しようと」して、クレムリンが無謀な戦争に踏み込み、やがて撤退。その後9・11テロが起きて「アメリカの正義」をかざしたブッシュ政権が無謀なアフガン戦争に踏み込んでしまいます。アフガン、イラクで疲弊したアメリカは、イラクの民主化に失敗し、アフガニスタンでは元のタリバン政権に戻してしまいました。つまり米露は自分たちの都合で一方的な戦争を始めて、結局は自国の国力を大きく削いでしまったのです。その意味では侵略されたアフガン、ウクライナ、侵略したロシア、米国は全て戦争敗者と言えます。唯一の勝者は武器を売り、石油高騰で巨額のマネーをつかんだ軍産・石油複合体だけだと言えるのではないでしょうか。

第3章　問われる日本の外交、そして産軍複合体

戦争への道を選んだ日本

では次に日本はどうしたらいいのかということに移ります。先ほどのグラフにもあったように、日本は安倍政権になってこの9年間でうなぎ上りに軍拡路線を走っています。今年は補正予算を合わせれば6兆円を超え、これが2パーセントにもなれば、もう10兆円を超えてしまいます。顕著な例として挙げたいのは、自衛隊の「いずも」や「かが」の護衛艦です。これは大きな船で敵の潜水艦に対して日本を守るための専守防衛の船でしたが、それを空母にしようとしています。空母は間違いなく相手を打撃する部隊ですから、専守防衛の日本には必要ありません。要は敵基地攻撃をするための船です。そしてその空母に載せる戦闘機を今、爆買いしています。F35という戦闘機ですが、これが馬鹿高い。めちゃめちゃお金をかけてこの空母態勢を作っている。

なぜこんなことになっているのでしょうか。それは安倍の坊ちゃんがトランプとゴルフをしたからです。バンカーに転げ落ちるというハプニングもありましたが、このゴルフの後、「シンゾーよ、アメリカの武器を買ってくれ」と求められ、「はい、買います」と言ってしまった。その背景にあるのが2015年9月の安保法制の強行採決でした。国会を20万人が取り囲んで抗議しているのに、その反対世論を無視して自民党と公明党が強行採決して成立したものです。これで戦争をする国づくりが始まり、これから日本は空母を持たないといけない、と。この時点で日本はルビコン川を渡って

しまった。戻ることのできない戦争への道を選んでしまった、ということなのです。

アメリカの武器の爆買いですが、これはFMS契約で行われました。この契約は簡単に言いますと、まずアメリカは見積額を自由に変更できるというもので、最初に戦闘機1機100億円で買うことにしたのに、いや最新装置をつけたので200億円にする、と言われれば200億円で買わないといけない。そして途中でアメリカ側が解約できることにもなっている。たとえばイラン・ホメイニ革命のようなことが起きればアメリカは武器を売りたくないので、途中で止めることができる。さらに支払いは前払いです。普通、消費者庁に行けばこんな契約はありえません。相談員が「クーリングオフしなさい」と言いますよ。そんな契約でF35戦闘機を6兆円ものお金をかけて買おうとしています。この戦闘機、韓国も買おうとしていたのですが、コロナになったのでお金がないと言って止めています。しかし日本は買い続ける。

そもそも空母の訓練はどんなものでしょうか。空母の甲板は300メートルしかありません。通常の滑走路は3000メートルですが、それでも離発着で事故が起きる。戦闘機は音速のスピードで降りてくるけど、空母では300メートルで絶対に止まらないといけないので甲板に着地したときにワイヤーを引っかけて止まるようにしています。そのためにパイロットは大変危険な訓練をしています。失敗したら海に落ちて死んでしまいますから。こういうとんでもない訓練をとんでもない爆音で行っている。

馬毛島は「逆森友事件」

現在そのための基地は小笠原の硫黄島にありますが、それを鹿児島県の種子島沖、馬毛島に持ってこようとしているんです。元々空母の訓練は神奈川県の厚木基地でやっていましたが、厚木の人たちが、騒音がうるさくてもう堪らん、ということで米軍は山口の岩国基地に持っていきました。ところがここでもうるさいので今は岩国から1400キロも離れた硫黄島で。そこで2プラス2という日米両政府の外務・防衛担当閣僚による安全保障協議委員会で目を着けられたのがこの馬毛島でした。この島は無人島ですが、滑走路が2本あります。

種子島は西之表市、中種子町、南種子町の三つの自治体でできていて、現在西之表市の市長が建設に反対していますが、中種子町と南種子町が賛成しているという状況で、いままさに基地が建設されようとしているのです。

この島を所有していたのは立石勲さん。彼は当初この島を4億円で購入したと言われています。それを国が45億円で購入したいと言いましたが、立石さんは400億円で売りたいと。なかなか交渉が成立していませんでした。ところがそこにリッチハーベストという会社が仲介に入ります。この会社は岡山県選出の故加藤六月議員と親しくしていて、その娘婿が菅義偉内閣の官房長官だった加藤勝信ですが、勝信とリッチハーベストが18年末に4回面談をし、さらにホテルのコネクティングルームで有名になった和泉洋人と3回面談して、結局翌年の19年の年明けに160億円＋αで購入することになります。

これは菅案件、つまり前菅総理の案件であって、私は「逆森友事件」だと考えています。というのは森友事件はゴミが埋まっているというストーリーを作って、国有地を不当に値下げして売った事件でしたが、今回は2本の滑走路があるというストーリーを作って、不当に高いお金で購入した、そういう事件です。しかしこの滑走路は舗装はされていないし、風向きを考えると撤去しないと新しい滑走路が建設できないという代物です。今の滑走路はない方がよくて、新たに2本の滑走路を造るのです。だから当初45億円しか出さないと言ってた国が、なぜ160億円もの多額のお金で購入したのか。私はこれについて情報公開請求をしましたが、出てきた文書は真っ黒という「ノリ弁状態」でした。地元の説明会で種子島の人々が「なぜこんなに高額な買い物になったのだ」と質問しても、防衛省はまともな回答を一切していません。空母艦載機の離発着訓練は深夜に行われ、種子島上空をグルグル旋回します。おそらく島民は深夜3時まで眠れない日が続くでしょう。

日本は「専守防衛」なので、もともと空母なんていらない。米軍が訓練するための施設なら「アメリカ本土でやれ！」と言えば済む話です。日本の税金でアメリカ様の危険な軍事訓練をサポートする。自民党の歴代政権はどこまでアメリカに奴隷化していくのでしょう。

米軍は日本を守る気はない

ところで辺野古基地建設問題が危ない状態になっています。22年1月の名護市長選挙で「沈黙」している市長が当選しました。反対を掲げた市長は落選。投票率が前回比8ポイントも下がりました。これはいったいどういうことでしょう。沖縄の人たちが何度も何度も反対表明をして、どんなに座り込んでもハンストしても政府は粛々と進めるので、もうあきらめて、お金をもらってしまえばいいんじゃないかと、そういうふうになったのではないかと思います。ですから、ここであきらめてしまうとやられてしまうと思います。

沖縄米軍の海兵隊員は定員が1万9千人と言われています。このうち数年後にはグアムに9千人移転していき、最終的には2千人になるということです。だからもともと辺野古基地はいらない。普天間をそのまま閉鎖するだけでいいのになぜ新基地を作るのか。これはもう利権のためとしか考えられません。埋め立て工事をしているのはほとんど自民党や維新とつながっている企業ですから。また今、ウクライナに連動して台湾が危ないと言います。そのため与那国島といういちばん台湾に近い島に自衛隊のレーダー基地ができました。また石垣島や宮古島には自衛隊のミサイル基地が建設中です。つまり、沖縄諸島全体を基地にするという計画を進めています。

ではアメリカが本当に日本を守るのでしょうか。なぜこんなに思いやり予算をかけて米軍基地を支えるのか。その理由は、かつては「もしソ連が攻めてきたら」でした。そうなると守ってもらわないといけない。するとアメリカの基地を北海道に置かないといけない。でも北海道には自衛隊があって米軍基地はありません。いちばん北にある米軍基地は青森県の三沢で、空軍です。そしてアメリカの陸海軍は神奈川県にあり、南の沖縄に基地を集中させています。これは何を意味するのでしょう?

もし仮想敵国のソ連が攻めてきたら、北海道から上陸するだろう。そうなればまず北海道の自衛隊が戦い、その間に青森の米軍は空軍なので逃げ足が早く、沖縄に逃げていく。さらにソ連軍が南下してきたら神奈川県の陸軍と海軍も沖縄に逃げていく。そして大阪辺りまで攻めてきたら、この時にはソ連軍は疲れて弱体化してるだろう。攻めつぶすなら今だ、とようやく沖縄の米軍が出動する。

そういうことだと思います。ですから米軍はハナから守る気はないんじゃないかと。

そして今は中国が脅威になっています。ウクライナ侵略があってロシアも脅威ということになっていますが、もし中国が脅威になるなら中国のミサイルは沖縄に届きます。すると海兵隊が危なくなりますので、米兵をグアムに移す。つまりまずは自衛隊で戦えということ。だから石垣、宮古に自衛隊基地なのです。もともと米軍は日本には要らない存在だったと言えるのではないでしょうか。

私たちはCの道を選ぶ

つまり選択としては、ＡかＢかではなくてＣがあるということです。政府やマスコミはＡかＢかしかないような選択を迫ります。消費税を引き上げないと年金が半分になってしまうぞ。だから消費税を20パーセントにして年金を守るというのがＡ案。消費税は10パーセントのままに据え置くが、その代わりに年金を半分にするぞ、というのがＢ案。これではどっちも嫌ですよね。しかしＣがあるのです。大金持ちや大企業がいるではないか。アマゾンのジェフ・ベゾスやマイクロソフトのビル・ゲイツ、そして日本ではユニクロの柳井正とか、そういう大富豪や大企業が税金をまともに払っていない。アマゾンのベゾスの銀行預金に1％の「富裕税」を課ければ、エチオピアの医療費は全額賄えるのです。残酷なまでに広がった貧富の差を税金という方法で再配分して行けば、福祉は守れるし消費税の引き下げもできる。これがＣ案の道です。沖縄も同様に、普天間が危ないから辺野古を作る。これがＡ案。Ｂ案は普天間は危ないけど、県民が辺野古に反対するので普天間を使い続ける。でも、そもそも海兵隊は2千人に縮小されますから、単に普天間を閉鎖するというＣ案があるはずです。

テロとの戦いもそうです。9・11テロが起きてアメリカの大統領が出てきて、世界はアメリカにつくのか、それともテロリストにつくのか。AかBのどっちだと迫りました。でもそこにはCがあります。日本は平和憲法を持っているのでアメリカの戦争には協力しませんし、テロリストにも協力しません。その代わりにアフガニスタン和平会議を大阪で開きましょう、話し合いましょうというのがCではないでしょうか。ですからウクライナの場合も私たちはCの道を探らないといけない。それはもっと早く停戦合意するための積極的平和外交だったのだと思います。まだ遅くはありません。その声をどんどんあげて停戦しろと要求していくことが何よりも大事です。

戦争で唯一の勝ち組は産軍複合体

はっきり言って、経済制裁はあんまり効果がないと思います。なぜかというと、私がイラクに行ったときアメリカの経済制裁でイラクの人たちは大変な貧困になっていました。その時フセイン大統領は何と言ったかというと、アメリカのせいでこんなことになってしまった、だから団結してアメリカと戦おうと言い、フセインは経済制裁されて逆に体制を強化していたのです。同様に北朝鮮も経済制裁では倒れていません。アフガンも経済制裁を受けていて人々は貧しいですが、タリバンはビクともしていません。おそらくプーチンも独裁を強めるだけで倒れないでしょう。むしろ強烈な経済制裁で一般の人々が疲弊し、ロシアで水面下で反戦運動をしている人が運動できなくなるかもしれません。一般の庶民が苦しむだけの経済制裁より、早く停戦合意を、積極的な外交交渉を仕掛けていくことです。このまま行っても中国やインドがロシア産の原油を買い続ける可能性が高いので、そもそも効果は期待薄です。

むしろ、積極的に介入して平和条約を結ばせることだと思いますが、なぜそれをしないか。それは先ほどの繰り返しになりますが、戦争をだらだらと、長く続ければ続けるほど儲かる仕組みがあるからです。武器が売れる。また石油やガスが高騰します。そういう産業や企業が唯一の勝ち組になる。その一方でロシア兵も死ぬしウクライナの人も殺される。アフガニスタンでは一般の人たちもたくさん殺されたけども、結局戦争をしての唯一の勝ち組は産軍複合体ではないかと思います。そのあたりを冷静に見ていかないといけないのではないでしょうか。

第4章　会場からの質問に答えて

タリバンの資金源はどこにあったのですか

タリバンはもともと、パキスタンが作った軍隊でした。タリバンを支えていたのはイスラム主義のパキスタンとサウジアラビアでした。かつてソ連が攻めて来た当時、タリバンをはじめアフガンの軍閥たちをパキスタンとサウジアラビア、そしてアメリカの武器と資金で支えていました。旧ソ連撤退後にアフガンが内戦状態になりました。パキスタンはインドと戦争をしているので、インドと戦うにはアフガニスタンをパキスタンの属国にしたかったのです。アフガンがインド側につくと、パキスタンからすれば「前門の虎後門の狼」になるので、アフガンを自分たちの言うことを聞く勢力の国にしたかったわけです。しかし直接軍事介入すれば旧ソ連の二の舞になります。国際的な非難にさらされ、パキスタンは持ちません。そこでタリバンを送り込んでアフガンを間接的に支配したのです。ところがタリバン政権になって数年後に9・11が起きてタリバンは世界の悪の権化のようになり、パキスタンは表立っては支援ができなくなりました。そこでタリバンはケシを栽培して売り、そのお金で武器を買ったりしていました。そのころアフガンでは、小麦を作っている畑をケシ栽培に替えさせ、世界で出回っているヘロインの9割を作るほどでした。

ウクライナ大統領と岸田首相が話し合いをするそうですが、どのように見ていますか

もし昨年の総選挙で野党4党が勝ち、政権交代が実現して平和憲法を守るということになり、そういう首相が選ばれていれば、停戦合意のために仲介を申し出ていたかもしれません。日本は戦争をしない国という平和ブランドがありますから、仲介をしてロシアとウクライナの間を取り持ち、東京会議でも開きませんかと。残念ながら選挙で自民党が負けなかったので岸田首相が選ばれ、首相はアメリカべったりなので、交渉当事者には絶対にならないでしょう。ウクライナ大統領は、例えば戦闘機やミサイルを支援してくれと言うかもしれません。すると岸田首相はさすがにそこは日本ですから、防弾チョッキやヘルメットの支援ぐらいにとどめるのでは。そしてお金で援助しますと、そういうことを言う可能性はあります。ゼレンスキー大統領も18歳から60歳までの男性は国に残って戦えと言ってますから、お金で支援がされるとそのお金がこの泥沼の戦争に使われることになっていくことを危惧します。もちろんそうなる前に停戦を呼び掛けるような日本であってほしいと思いますが。

ウクライナ大統領が日本の国会で演説しますが、これは受け入れていいものなのでしょうか

非常に難しい問題ですが、私は双方の言い分を聞かないといけないのに、ゼレンスキーだけに国会で演説させるのは問題ではないかと思っています。ここで落ち着いて考えないといけないのは、国会という国権の最高機関の場で行うという問題です。いろんな考えを持っている議員がいる中、例えばれいわ新撰組は決議に反対しているわけで、そこは慎重にしたほうがいいと思います。ゼレンスキーが話すならプーチンにも話をさせるべき。実際には話さないでしょうが、「プーチンが日本で演説す

ることを拒否した」という形にしたほうが民主的な運営だったと思います。ゼレンスキーだけの演説ならば、紛争当事国の一方だけの言い分を聞くことになります。一方だけならば国会を使うべきではなく、どこか別の場所で「有志の集い」のような形でやるべきだった、と考えます。

安倍元総理などが主張する核共有に対してどのように対抗すればいいのでしょうか

安倍晋三や松井一郎のような人たちがそれを言い出し、メディアが拡散するのでそれに共感する人たちが確かに増えてしまいますね。「恐ろしいけどそうせざるを得ない」と考えてしまうのも無理はないでしょう。よく安全保障のジレンマと言われるのですが、アメリカが核を10発持てば、じゃあロシアは20発持ちましょう。するとアメリカは30発持ちましょうという風になって、現在約6000発の核が双方に存在することになり、非常に危険な世界になりました。その歴史を振り返ると結局は、持てば持つほど危ないじゃないかということです。今回ロシアがウクライナの原発を押さえたのは、ウクライナの電力の半分を原発が占めているのでその電力を止めることと、やはり原発を利用して脅かしているのです。原発を持てば持つほど危ないし、そもそも武器を持てば持つほど危ないということを粘り強く語っていくしかないのかなと思います。さらに言えば、プーチンはシリアの時にも同じようにやり、それを止められなかった。あの時シリアを取材していましたが、アメリカもサウジアラビアもUAEも武器をいっぱい自由シリア軍などに援助してましたが、ロシアが勝って街は粉々になってしまいました。つまり、武器を入れてもやられるときはやられてしまうわけで、一番大事なのは「戦争が起きる前に止めること」。そういう意味ではロシアがシリアを空爆する前にアメリカ、イギリス、フランスなどがロシアと話し合うべきだったんです。そう考えるとこれらの国には不作為の罪があります。溺れかけてる人をずっと見てるだけというのはこれ犯罪ですから助けないといけない。でも助けるのは対抗勢力に武器を渡すことではなくて、もっと早期に入って話をすべきだったことだと思います。だから9条があってもやはり核がないと危ないと思う方がたくさんいるかもしれませんが、そうなる前に話をすることにしないと戦争は止まりません。

そして何度も言いますが、この状態がうれしいという勢力がいるのです。アメリカ、イギリス、フランス、そしてロシアもそうでしょう、兵器産業がこの状態が長く続くことを願っている。ただ破滅するのは嫌なので核兵器は使わないけど、この状態をずるずる続けていきたい。そういう意味ではイラク戦争もアフガンも終わったので、今度はウクライナで儲けようと、このように想像してしまうのですが。そういうことも含めて判断をしてもらう有権者が増えてほしいと願っています。

テレビやネットでさまざまなフェイクニュースが流れていて何をどう判断していいのかわからない

例えば歴史的な事実で言いますと、朝鮮戦争は韓国が侵略したと言われていましたが、その後文書が明らかになり、今では北朝鮮が攻めてきたことが明らかになっています。またフセインがイラン・イラク戦争の時にクルド人を毒ガスで大量に殺した時もイランがやったという人もいましたが、これもフセインがやったことが明らかになっています。ですからアメリカの情報、ロシアの情報、いろんな情報がありますが、やはりその事実を事実として確かめていくことが一つと、ウクライナがドンパスで1万8千人虐殺したというフェイクが流れた時、普通でしたら国連で大きな問題になるはずなのにそうはなっていません。そう考えるとこれはちょっとおかしいということがわかると思うのです。またあの福島原発事故が起きた時ですが、インターネットで、漢字で「福島事故」と検索すると東電のホームページが出てきて、「直ちに人体に影響はありません」と書かれていました。でもそれをローマ字で「FUKUSHIMA」と打てば、例えばドイツ語やロシア語のホームページにつながりました。その結果、結構海外の方がしっかりと福島事故のことを報道していた。つまり、その国で起きたことは、その国の政府は隠したいわけです。桜を見る会のスキャンダルも隠したいけど、それをその国に敵対する国は追及するのです。ロシアや中国は、これを見ろ、福島でこんなことがあった、と。ということは英語で調べたら出てくるわけですよ。おそらく中国はウイグルのことは絶対に言わないけども、それが日本語であれば結構出てくるのと同じように、逆転が起きます。だからネットなども活用していろんな情報を取りに行くということも必要でしょうが、でもネットというものは自分の好きなニュースばっかり追いかけてしまいますから、やはりこの場のように面と向かって話し合うということ、それが非常に大きな一つのポイントになるかなと思います。みなさん覚えていますか。湾岸戦争の時のあの油まみれの水鳥りの写真を。これはフセインがやったと言われてましたが嘘でした。戦争と嘘はつき物です。西側であろうが、ロシアであろうが、中国であろうが、日本であろうが、戦争や原発は嘘で固められています。だから、いろんな角度から見ようという考え方が正解なのかなと思います。西とか東じゃなくて、おそらく戦争する方は嘘をつき、全ての戦争は自衛のためにと言います。日本も満州事変は嘘から始まりました。そういう意味では冷静さっていうのが非常に大事です。ですから先ほどの国会のことも、やはり国会で演説させてあげた方がいいという人も多いかもしれませんが、ちょっと立ち止まって考えることも非常に大事かなと思います。

今回の戦争でウクライナから日本に避難してきた人がいます。政府は友好的対応をしていますが、その一方でアフガニスタンやシリアやミャンマーからの難民に関してすごく後ろ向きです

ウクライナからポーランドに逃げる時も、インド系やアフリカ系の人たちは意地悪されて逃げられませんでした。同じことがシリア難民にもいえます。ポーランドはシリア難民の受け入れを拒否して追い返しています。イスラム教徒であるとか、有色人種であるとかということが非常に大きい要因だと思います。第二次世界大戦でもアメリカでは敵国だということで日本人だけが収容所に入れられました。ドイツもイタリアも敵国でしたが、そういう話は聞きません。残念ながら21世紀の今もこういう問題が残っている。またこういう時はメディアによって一種のヒステリー状態が生まれますから、なんでもかんでもウクライナを支持しないといけないというような格好になることもあるのではないでしょうか。でも基本的には日本の難民政策を変えないとダメですね。

アフガニスタンの人たちには、タリバン政権だからということで国連からの支援はないのでしょうか

今回アフガンに行きました。NGOではトルコのIHHとWFP（国連世界食糧計画）、そしてICRC(赤十字国際委員会)の三つを確認しましたが、他のUNHCR(国連難民高等弁務官事務所)やUNICEF（ユニセフ）は見ませんでしたし、難民を助けるための組織も見ませんでした。明らかに国連の車両が減っていましたので、支援は細っていると思います。なぜかというと、やはりタリ

バンが政権を取って今までのタリバンのイメージが悪すぎます。ですから先ほどの有色人種と白人の関係と同じように、タリバン政権をなぜ援助しないといけないのか、となっていて、そのため「カブール全体が物乞いの街」のようになっています。でもそこは分けて考えないといけないと思います。タリバン政権の問題点を批判しながらも今、現実に死にそうになっている人がいるのですから、援助は続けないといけないと思います。しかし残念ながらタリバンが政権を取った時点で多くの援助団体が引いてしまいましたから、それで援助物資が足りないのです。

戦争が終わった先、ヨーロッパはどうなるのでしょうか

ソ連が崩壊してルーブルが紙切れみたいになり、ロシアの人々は塗炭の苦しみを味わいました。その後にプーチンが出てきて、成長する中国経済に助けられてロシア経済を良くしました。ですからプーチンのおかげで生活が良くなったと思ってる人もたくさんいます。支持率は落ちないと考えられますが、もしプーチンが失脚しても第二のプーチンが現れたら同じことになるでしょう。それをどうやって防ぐかですが、ＥＵの存在が大きなカギになると思います。ＥＵはノーベル平和賞を受賞しています。ヨーロッパでは第一次世界大戦、第二次世界大戦と山ほど人が殺されました。もちろんポーランド人もウクライナ人もです。だからもう二度と戦争をしないようにということで共同体を作ったのですが、その時にオープンスカイ条約というものを結びます。これはフランス、あるいはドイツなどが、もしかすれば軍事作戦をするかもしれないというような情報が出てきたときに、その国が基地を増強していないか、兵力を増やしていないかということについて、航空機による査察を受けるた

めに領空を開放するという条約です。そしてお互いがそうすることで安心感を増し、兵力を減らしていき、イギリスは当初40万人いた兵力を約20万人に減らしています。そういう意味では、戦乱に明け暮れたヨーロッパだからこそ、ＥＵという理想に近い共同体を作らざるを得なかったのですね。アジアではＡＳＥＡＮがそうです。こうした事例にならって、東アジア共同体を日本と中国と韓国で作ってオープンスカイ条約を結び、お互いが話し合いながら軍縮に向かうというのが一つの理想形ではないかと思います。そしてヨーロッパに関して言いますと、ロシアも入れた形のＥＵみたいなものを作ったらいいんじゃないでしょうか。しかし今のプーチンは絶対そんな提案に乗らないと思いますから、とりあえず今のウクライナ戦争を終わらせてから、もう二度とこういうことが起きないようにどうするのか、ということを考える必要があります。ＥＵのような、ＮＡＴＯじゃなくて全体を通して一つの利害関係を調整するようなところを作ることが大事かなと思います。日米安保やＮＡＴＯは軍事同盟ですから敵が必要になり、その敵に対してどう守るかという発想になりますけど、そうではなくて、うちの空を見てもいいよ、うちの基地を調査してもいいよ、という、お互いに理解を広めて、軍縮に向かう努力が必要でしょう。確かドイツとポーランドは歴史を振り返りながら共通の教科書も作っていますね。本来なら日本も韓国と統一教科書を作ってお互いが理解するようにと、これからはちょっと発想を変えてやっていかないといけないと思いますし、私はやはりＥＵの理想というものをもう一度ヨーロッパは見直すべきなのかなと思います。

ロシアではウクライナ東部のドンバスのことなどがずっと長い間、国営テレビで流され続けてきたので、ロシア国民にすればプーチンが助けに行くと思っていたのかもしれません。だから支持率も下がらない。しかしロシアは第二次世界大戦で2千万人以上の人が亡くなり、レニングラードでは100万人が餓死したという経験も持ってるので、戦争の悲惨さについてはとてもよくわかっている人たちだと思います。ですからそのロシア人の良心に訴えていくことも必要ではないかと思いますが

日本も日露戦争に勝ってシベリアに出兵し、第一次世界大戦から第二次世界大戦の間に満州事変から盧溝橋事件を経て中国に侵略していきましたが、それを支えたのが暴支膺懲（ぼうしようちょう）というスローガンでした。つまり支那（中国）が暴れるから懲らしめに行くという考えです。これはドンバスでウクライナが酷いことをしているから、「プーチンの戦争は正しいんだ」と思わされていることと同じです。でも現在はロシアも国営放送のテレビだけではなく、SNSがあって瞬時に何がされているのかわかる時代です。アラブの春でカダフィーが倒れた時もインターネットでつながった若者たちが立ち上がりました。フェイスブック革命と呼ばれたほどで、そういう意味では今のロシアにもプーチンに抑えつけられているばかりではなく、フェイクだと気づいている人も多いと思いますので、そこに期待をしています。

最後に話は変わりますが、プーチンはウソをついて戦争をしています。そして日本では、安倍はモリカケ桜でウソ、松井は雨ガッパでウソ、吉村はイソジンでウソをつき、橋下は従軍慰安婦で、とんでもないウソの歴史認識を述べました。この人たち、フェイクで自分たちの主張をゴリ押ししている

という点ではプーチンと同じです。ロシアでは国営テレビがウソをつき続けましたが、日本のテレビも、特に在阪テレビ局が同じように吉村を出してウソを垂れ流しています。だからあまり日本もロシアのことを批判はできません。そして今年は参議院選挙が行われます。憲法9条が変えられようとする危険性が強まっていますが、そうはならないようにみなさんと一緒に力を合わせていきたいと思っています。

今日は、ありがとうございました。

おわりに

生まれて初めて虐殺死体を見たのは、1999年旧ユーゴのコソボ紛争でした。当時の州都で、現在は首都になったプリティシュナから車で約1時間、のどかな農村地帯を走っていると強烈な悪臭。なんとその村の教会前広場に数十もの虐殺死体が並べられ、それらが腐り始めているのでした。人間の死臭は犬や猫のそれよりも何倍も強烈です。虐殺死体を前に呆然とする私に赤十字職員がやってきて手招きをします。「今から井戸へ行き、死体を引き揚げる」。モンシロチョウが舞う畑の一角に深い井戸がありました。体にロープを巻きつけた職員が井戸に入り、合図と共に引っ張り上げていきます。井戸から3名の遺体が上がってきました。壮絶な体験をしてしまった私はその日の晩、食事が喉を通りません。「あの人たちにも愛する人がいただろう」「もっと生きたかっただろう」「あんな殺され方をして…」。空っぽの胃に、濃いウィスキーを流し込みながら、涙が止まらなくなりました。殺されたのはアルバニア系住民で、虐殺したのはセルビアの民兵でした。戦争がエスカレートしていくと、普通に殺すだけでは物足らなくなって、より残酷に殺してしまいます。

コソボ紛争は独立を求めるアルバニア系住民と、それを阻止しようとするセルビアとの内戦でした。NATO（北大西洋条約機構）軍はこの時アルバニア系住民の側にいて、セルビアを空爆していました。なぜセルビア民兵が村の住民を後ろ手に縛り上げて、生きたまま井戸に投げ入れたのか？　それはセルビア側にもNATO空爆による多大な被害があって、欧米に対する恨みが民兵を悪魔に変えてしまった。そして一番弱い立場の市民に向かったのだと思います。

今回のウクライナ戦争ではロシア兵がブチャやマリウポリなどで大虐殺を犯しました。もちろん殺害したロシア兵の責任は問われなければなりません。しかし欧米が提供した最新兵器でロシア兵も大量に殺されています。いったん戦争が始まると住民同士が殺し合うのです、それも残酷な方法で。

プーチンの無謀な侵略戦争を決して許すわけにはいきませんが、ここに至る経過として、アメリカの責任を問わねばなりません。というのは、NATOの東方拡大を積極的に推進し、東欧にミサイル基地を増設してきたのが、ブッシュ、オバマ、トランプ政権でした。ソ連が崩壊して、ワルシャワ条約機構が消滅したのですから、NATOも軍事的側面を削り取って、「北大西洋平和友好条約」に変更しなければダメだったはずです。ところがポーランド、ルーマニア、バルト三国…。次々と14カ国が加盟。その度にプーチンを苛立たせてきた20年でした。99年のコソボ紛争だけではありません。11年のリビアではNATOは反カダフィー軍の側に立ち、カダフィー支持派の街、ミスラタを猛烈な空爆で破壊していました。ミスラタの中央市場はNATOの空爆で粉々になって、やはりここでも猛烈な死臭が漂っていました。01年から21年まで長期に渡ってアフガンに駐留し、無辜の民を殺害してきたのもNATO軍です。しかしメディアを使った「セルビア悪玉論」「カダフィーは悪の権化」「タリバンはテロを起こすならず者集団」などのイメージ戦略が功を奏し、NATO空爆に対する批判がほとんど起こりませんでした。

もちろんロシアも同じです。12年～16年、シリア内戦を取材して、ロシアによる悪辣で残酷な空爆を批判してきましたが、当時はあまり注目されず、私の映像もテレビではなかなか採用されませんでした。それはシリア戦争が今回のウクライナ戦争ほど注目されていなかったからです。ところが

ＩＳ（イスラム国）が日本人を人質に取った時は、蜂の巣をつついたような大騒ぎ。私は連日テレビに呼ばれて現況を解説しました。確かにＩＳのテロは許せませんが、同時進行で大量の市民を殺戮していた欧米、ロシアの空爆も許すわけにはいかなかったのです。戦争ほどダブルスタンダード（二重基準）がまかり通っている事案はありません。もちろんポーランドに命からがら逃げ込んだウクライナ難民は手厚く保護されるべきです。しかしシリアやアフガン難民はポーランドで、ギリシャで、同じイスラム教国のトルコからも跳ね返され、いまだに安住の地を得ていません。これは私見ですが、ウクライナは白人でキリスト教徒、同じヨーロッパの国。シリアやアフガンはイスラム教徒、有色人種で中東の国だからではないか、と。

そして戦争の裏で武器を売って巨額の利権を手にしている軍産複合体に対する批判は、ほとんどかき消されています。軍産、石油、建設産業がテレビの大手スポンサーで、マスコミはスポンサーの意向を忖度するから、「本当の戦争犯罪者」を免罪してしまうのです。

単純で思慮の浅い政治家が「日本も核兵器を持とう」「やられる前に敵基地を破壊しよう」と、とんでもないことを言い始めています。核や原発は持てば持つほど危ない。紛争の解決は話し合うことしかありません。

今後ますます重要になるのはズバリ、憲法９条を活かすこと、です。話し合いは無料で、和解に向かえば軍事費を縮減させてくれます。普段から等距離平和外交を行って、紛争を未然に防ぐ。軍隊を捨てた代わりに積極的平和外交で周辺国の信頼を勝ち取ってきたコスタリカ、アフガンの砂漠を緑に変えてコメと小麦で平和をもたらした中村哲さんに学ぶこと、が求められています。

本書は緊急に出版したため、ウクライナの現状取材は間に合いませんでした。できるだけ早期に現場に入って、できるだけ最新の情報で続編を書きたいと考えています。次回もまた読者のみなさんと、拙著を通じてお会いできることを楽しみにしています。

（この「おわりに」を含め、本文は全て敬称略）

【著者紹介】

西谷文和（にしたにふみかず）

1960年京都市生まれ。大阪市立大学経済学部卒業後、吹田市役所勤務を経て、現在フリージャーナリスト、イラクの子どもを救う会代表。

2006年度「平和共同ジャーナリスト大賞」受賞。テレビ朝日「報道ステーション」、朝日放送「キャスト」、ラジオ関西「ばんばんのラジオでショー」日本テレビ「ニュースevery」などで戦争の悲惨さを伝えている。

西谷文和「路上のラジオ」を主宰。

主著に『聞くだけの総理 言うだけの知事』（日本機関紙出版センター、2022年）、『自公の罪 維新の毒』（同、2021年）、『ポンコツ総理スガーリンの正体』（同、2021年）、『安倍、菅、維新。8年間のウソを暴く』（同、2020年）、『西谷流地球の歩き方上・下』（かもがわ出版、2019年・20年）、『戦争はウソから始まる』（日本機関紙出版センター、2018年）、『「テロとの戦い」を疑え』（かもがわ出版、2017年）、『後藤さんを救えなかったか』（第三書館、2015年）など。


ウクライナとアフガニスタン　この戦争の裏に何があるのか

2022年７月1日　初版第１刷発行

編著者　西谷文和
発行者　坂手崇保
発行所　日本機関紙出版センター
〒553-0006　大阪市福島区吉野3-2-35
TEL 06-6465-1254　FAX 06-6465-1255
http://kikanshi-book.com/
hon@nike.eonet.ne.jp
編集　丸尾忠義
本文組版　Third
印刷製本　シナノパブリッシングプレス

Printed in Japan
ISBN978-4-88900-271-3

日本機関紙出版の好評書